만만한수학
무한호텔

만만한수학6
무한호텔

초판 1쇄 발행 2022년 12월 23일 | 초판 5쇄 발행 2025년 3월 25일
글 김성화·권수진 | 그림 한성민 | 책임편집 전소현 | 편집 김연희 | 디자인 하늘·민
펴낸이 전소현 | 펴낸곳 만만한책방 | 출판등록 2015년 1월 8일 제 2015-000008호
주소 서울 마포구 토정로 222 한국출판콘텐츠센터 305호 | 전화 070-5035-1137 | 팩스 0505-300-1137
전자우편 manmanbooks@hanmail.net | 인스타그램 instagram.com/manmani0401

ISBN 979-11-89499-50-1 74410 | 979-11-960126-0-1(세트)
ⓒ 김성화, 권수진, 한성민 2022

이 책은 저작권법에 따라 한국에서 보호받는 저작물이므로 무단전재와 무단복제를 금지하며, 이 책 내용의 전부 또는 일부를 이용하려면 반드시 저작권자와 만만한책방의 서면 동의를 받아야 합니다.
잘못된 책은 바꾸어 드립니다. 책값은 뒤표지에 있습니다.

제품명 아동도서	**제조년월** 2025년 3월 25일	**사용연령** 8세 이상	⚠ 주의
제조사명 만만한책방	**제조국명** 대한민국	**전화번호** 070-5035-1137	종이에 베이거나 긁히지 않도록 조심하세요. 책 모서리가 날카로우니 던지거나 떨어뜨리지 마세요.
주소 서울 마포구 토정로 222 한국출판콘텐츠센터 305호			
KC마크는 이 제품이 공통안전기준에 적합하였음을 의미합니다.			

무한에 관한
무한히 신비로운 이야기

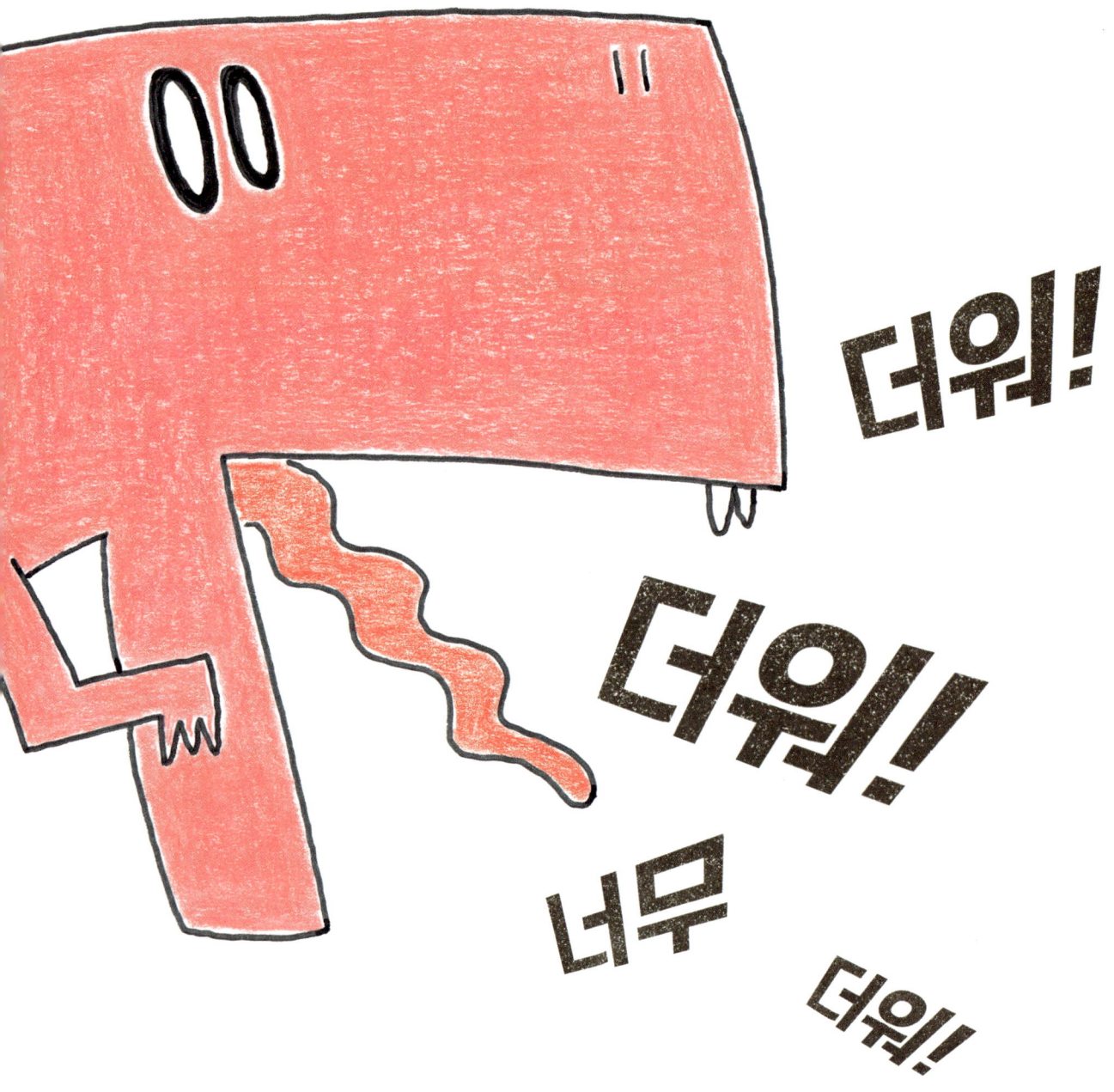

"휴가를 가야 해!"

"좋은 생각이야."
"어디로 가지?"
"호텔이 제일 시원해!"
"무슨 호텔?"
"기다려 봐."
틱틱틱! 탁탁탁!

찌리찌릿 선인장호텔
잘라잘라 수박호텔
뿌셔뿌셔 땅콩호텔
보일락말락 돼지호텔
떼구루루 공벌레호텔
쿵쿵쿵쿵 몬스터호텔
오마이갓 감자호텔
꼼지꼼지 세균호텔
쭉쭉쭉쭉 문어호텔
미끌미끌 바나나호텔
오락가락 무한호텔

따르릉따르릉~

"여보세요? 거기가 무한호텔이에요?"

"아니라고요?"

"맞다고요?"

"어떻게 가요?"

음…… 그러니까 그게…….

쭉쭉쭉쭉! 오른쪽으로 100발 가서 왼쪽으로

100발 간 다음 북쪽으로 100발 가서 남쪽으로 100발 가고 떼굴떼굴 앞구르기 100번 뒤로돌아 뛰기 100번 물구나무~ 숨어있는 돌부리를 지나 무한다리를 지나 빙글빙글빙글빙글빙글 캑캑… 그럼 나는 너무 바빠서 이만…… 휙휙휙

\ 당장 갈래! /   \ 가방을 챙겨! /   \ 내 팬티 넣었어? 양말도 많이! /

오른쪽으로 100발 가서 왼쪽으로 100발 간 다음

"헉헉, 사막을 지나……."
"무한도로를 지나……."
"무한터널을 지나……."
"앗, 다리잖아!"
"건너. 건너."

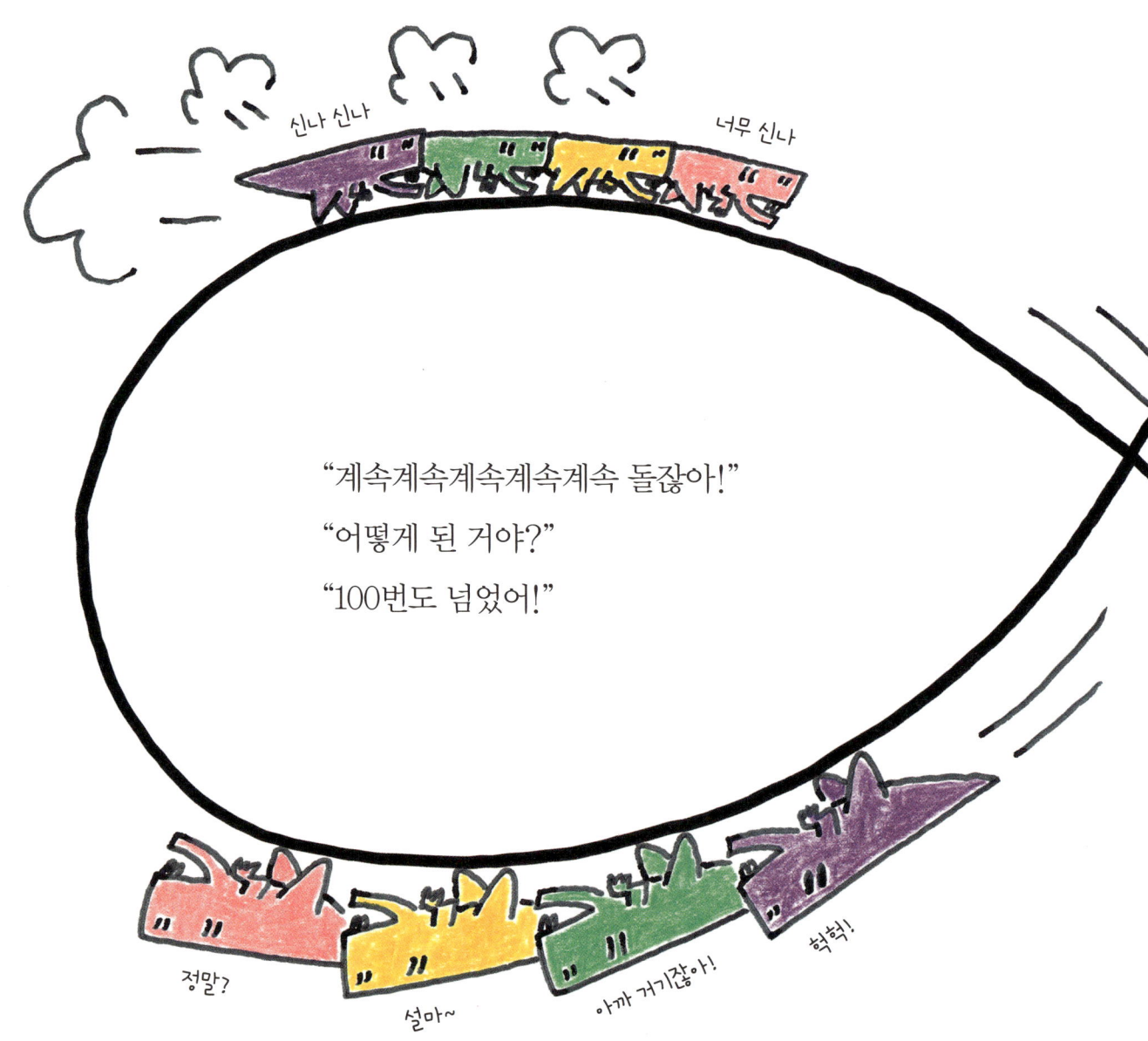

"계속계속계속계속계속 돌잖아!"
"어떻게 된 거야?"
"100번도 넘었어!"

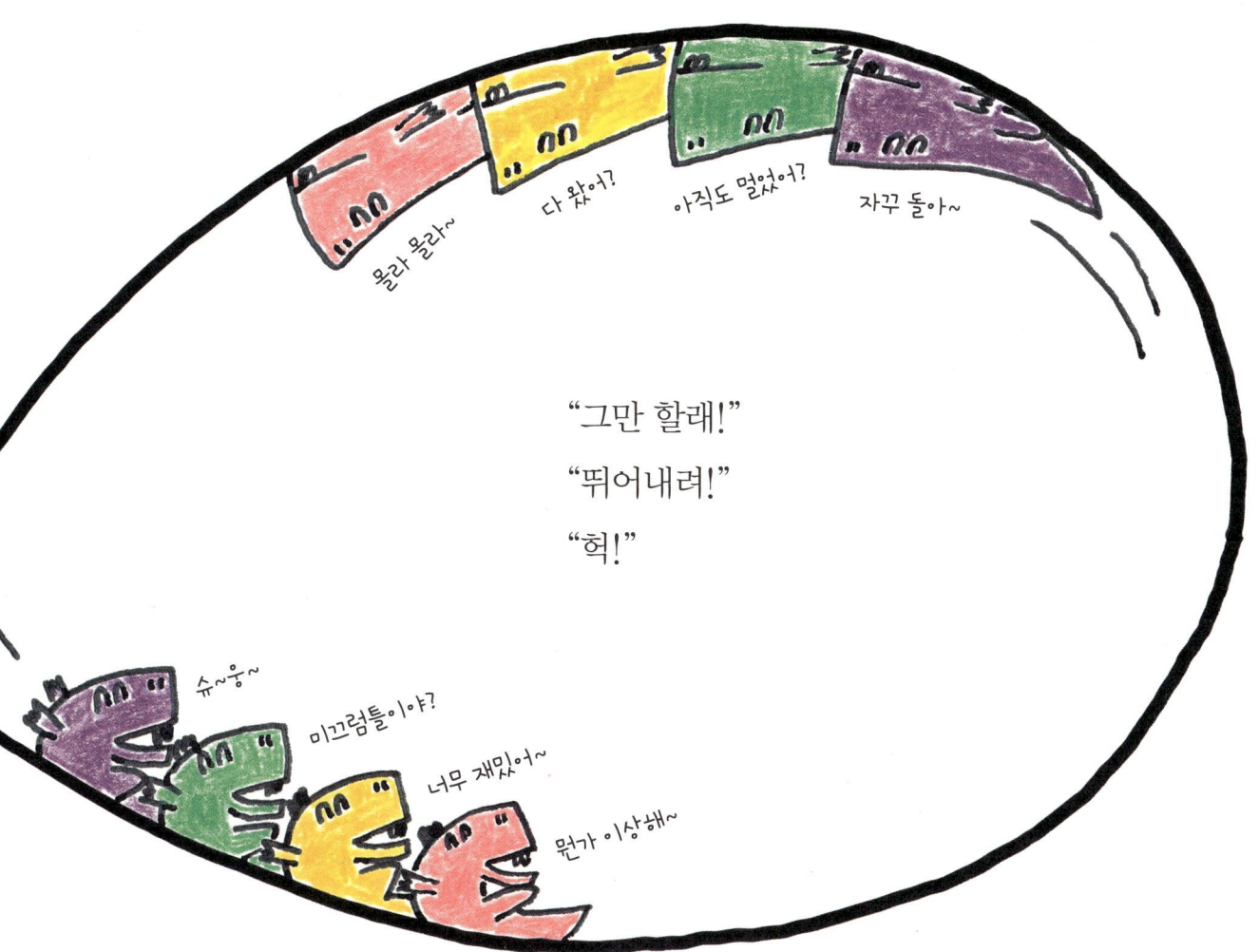

"네가 먼저 해!"
"네가 먼저 해!"
"내가?"
"네가!"
"밀지 마."
"밀지 마."

어 어 어 어ㅡㅡㅡㅡ

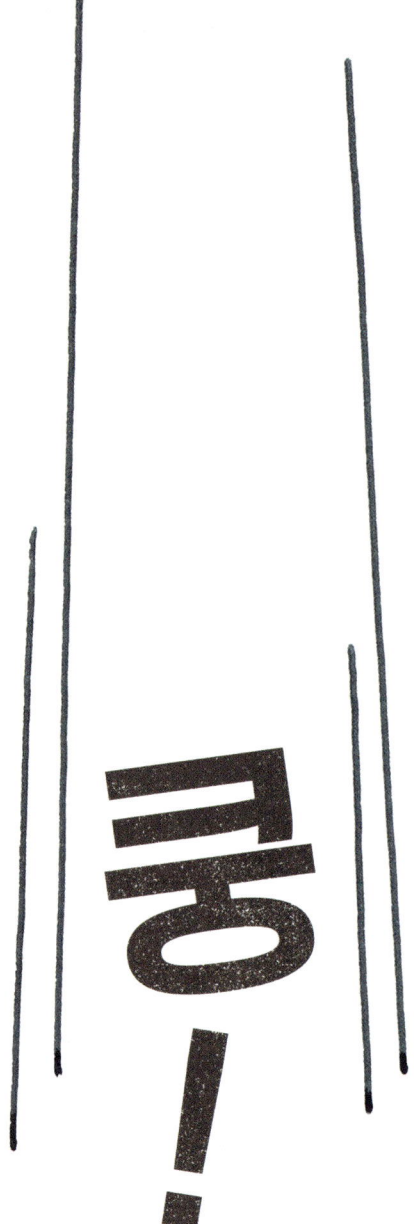

한국 현대사 산책

군항제

"드디어 드디어 도착했어!"
"무한호텔이야?"
"들어가! 들어가!"
"방 있어요?"
"방 주세요."
"침대가 네 개 있는 방이요."
"베개도 많이 주세요."

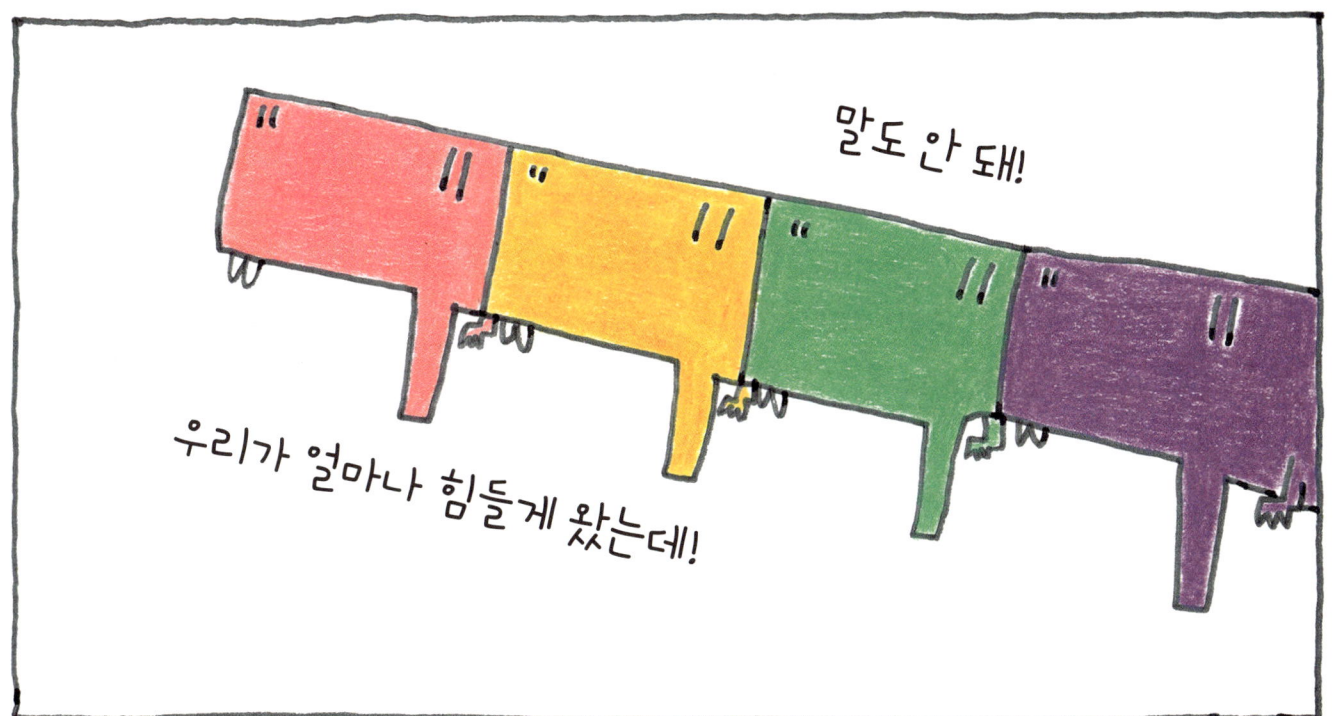

못 간다고?
이럴 수가!
예의 없고
시끄럽고
막무가내
고집불통
우리 호텔에 딱 맞는 손님이야!
100년 동안 기다렸는데
드디어
드디어
도착했어!

"그러니까 방 있어요? 없어요?"

음······.

쩝······.

그러니까 그게······.

방이 무한하게 많이 있는데

방이 없어.

1호실부터 무한호실까지

언제나 손님으로

가───득 차 있다는 말씀!

하지만 걱정 마.

우리 호텔은 무한호텔!

방이 없는데, 방이 생겨!
수학자의 비법을 따라 방이 뚝딱!

"방이 뚝딱? 어떻게요?"

웨에에에에에에에에엥~

무한호텔 투숙객 여러분!
손님이 왔어요.
지금부터 짐을 챙겨

방을 옮겨 주세요!

1호실 손님은 2호실로

2호실 손님은 3호실로

3호실 손님은 4호실로

4호실 손님은 5호실로

……

……

100호실 손님은 101호실로

……

1000호실 손님은 1001호실로

……

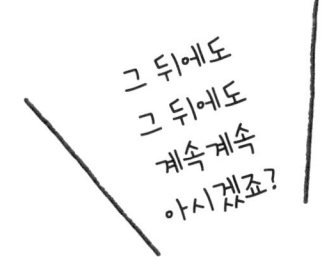
그 뒤에도
그 뒤에도
계속계속
아시겠죠?

우당탕탕

쿵쾅쿵쾅

들들들들

덜덜덜덜

"밀지 마!"

"밀지 마!"

옆으로

옆으로

한 칸씩 옆으로!

다 옮겼나요?

짠!

1호실이 비었어요!

들어가세요.

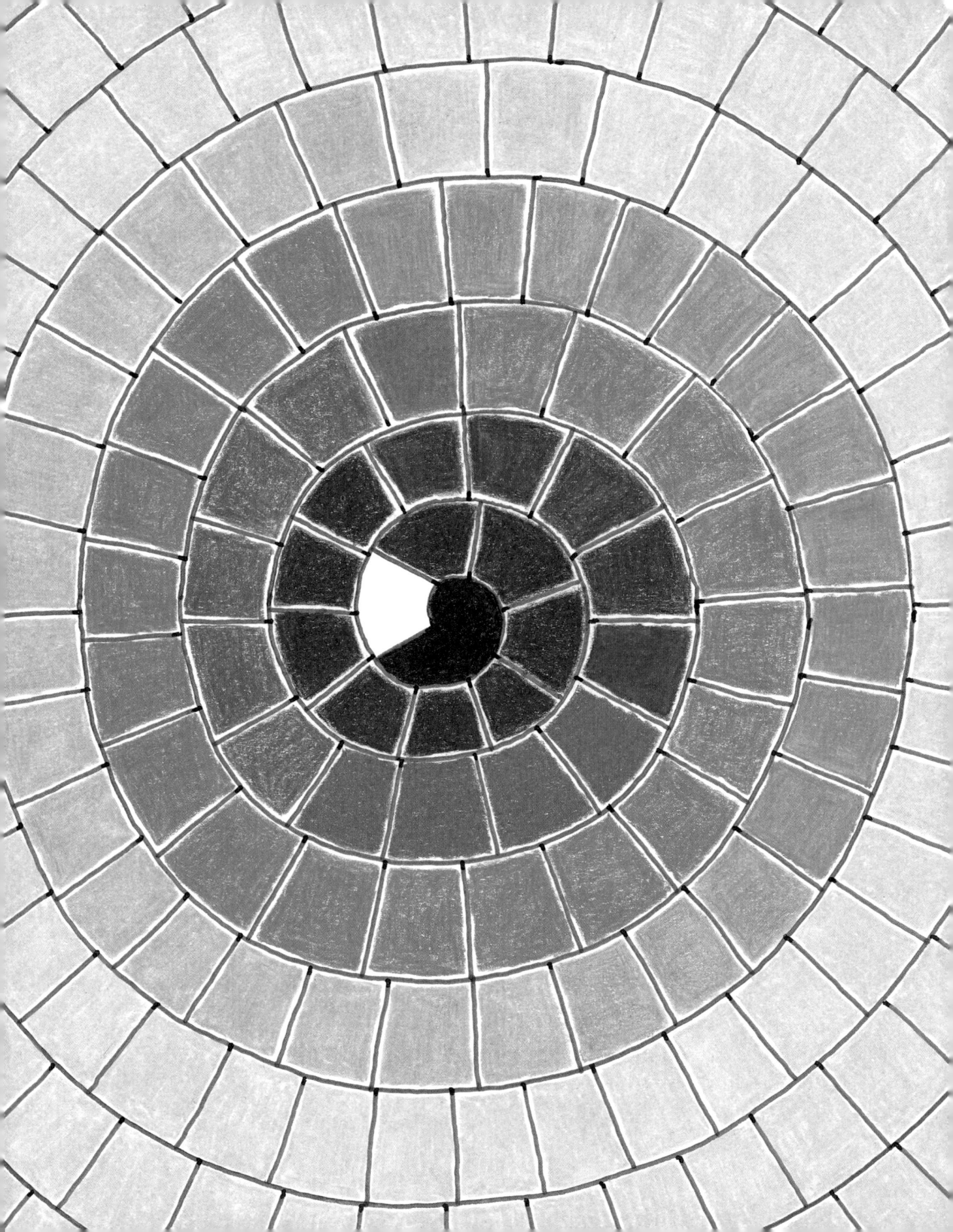

어떻게 된 거야?

어떻게 된 거지?

무한호텔 투숙객 여러분!
손님들이 또 왔어요.
방이 두 개 더 필요해요.
지금부터 짐을 챙겨
방을 옮겨 주세요.
두 칸씩 옆으로!

1호실 손님은 3호실로

2호실 손님은 4호실로

3호실 손님은 5호실로

4호실 손님은 6호실로

……

100호실 손님은 102호실로

……

1000호실 손님은 1002호실로

……

1백만 호실 손님은 1백만 2호실로

……

1억 호실 손님은 1억 2호실로

……

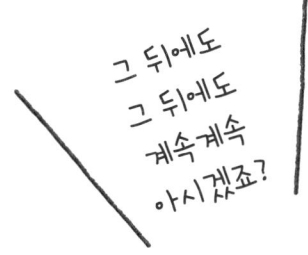
그 뒤에도 그 뒤에도 계속계속 아시겠죠?

우당탕탕
쿵쾅쿵쾅
들들들들
덜덜덜덜
옆으로 옆으로,
두 칸 옆으로!

짠!
1호실과 2호실이 비었어요!
들어가세요.

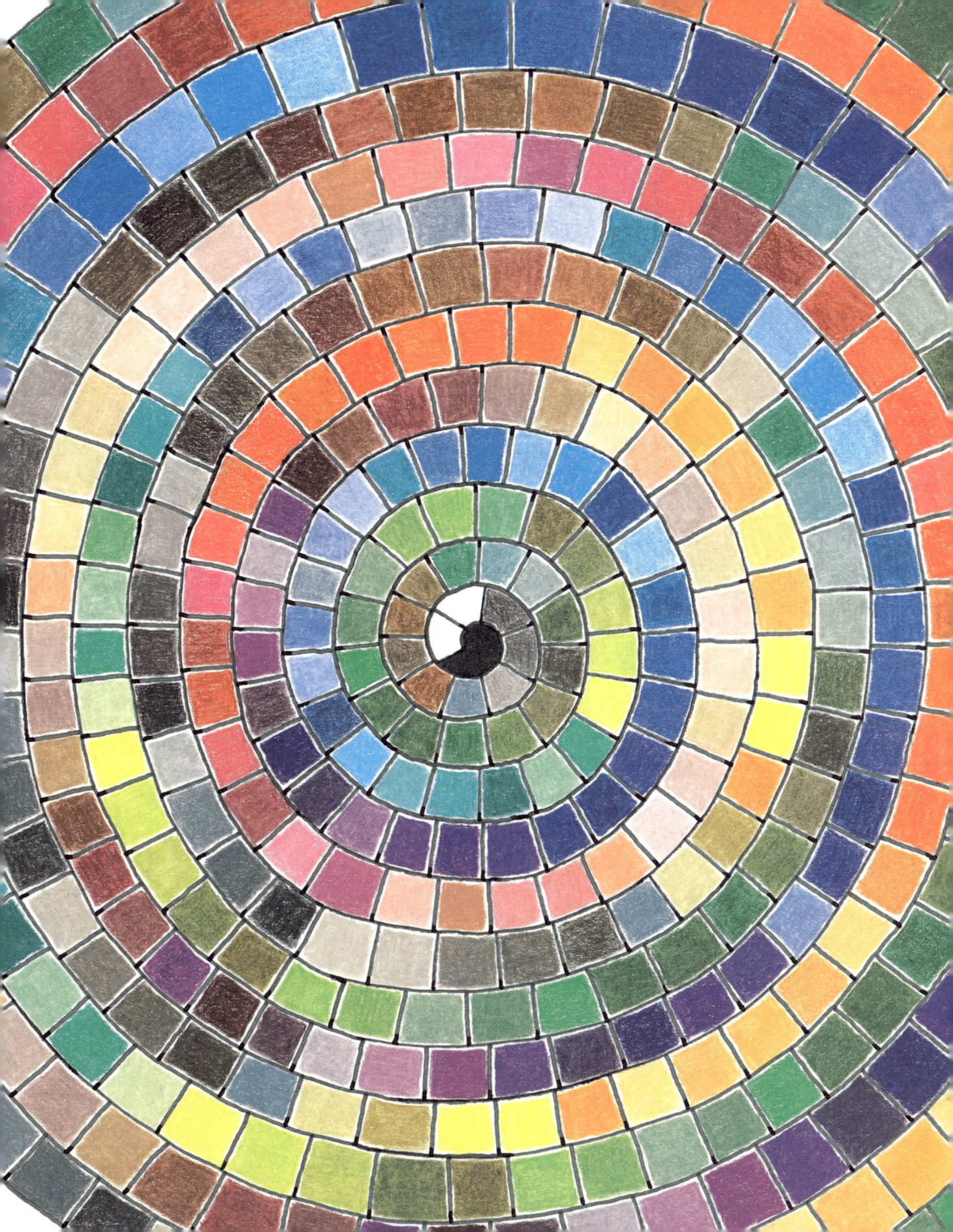

에엥~

방 있어요?

헐!

저게 뭐야?

무한호텔 투숙객 여러분
손님들이 몰려와요.
방이 100개 더 필요해요!
"말도 안 돼!"
"너무 많아!"
"방이 없어."
"진짜로 없다고!"

크하하하!
우리 호텔은 무한호텔.
방이 없는데 방이 생겨!
무한호텔 투숙객 여러분
지금부터 짐을 챙겨
방을 옮겨 주세요.

100칸 옆으로!

웨에에에에에에에엥~

1호실 손님은 101호실로

2호실 손님은 102호실로

100호실 손님은 200호실로

……

1000호실 손님은 1100호실로

……

1백만 호실 손님은 1백만 100호실로

1억 호실 손님은 1억 100호실로

……

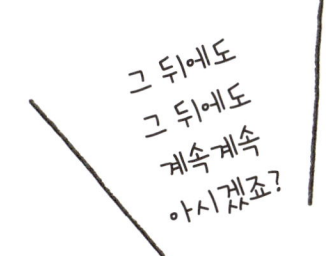

그 뒤에도 그 뒤에도 계속계속 아시겠죠?

웨에에에에에에에엥~

웨에에에에에에에

큰일났어요!
무한호텔 투숙객 여러분
손님이 끝없이 오고 있어요.
일, 십, 백, 천, 만, 십만, 백만, 천만, 억,
십억, 백억, 천억, 조, 경, 해, 자, 양, 구, 간, 정, 재, 극,
극 하나, 극 둘, 극 셋, 극 넷······.
헉헉헉헉!
손님이 끝없이 끝없이 오고 있어요.
무한히 무한히 오고 있어요!

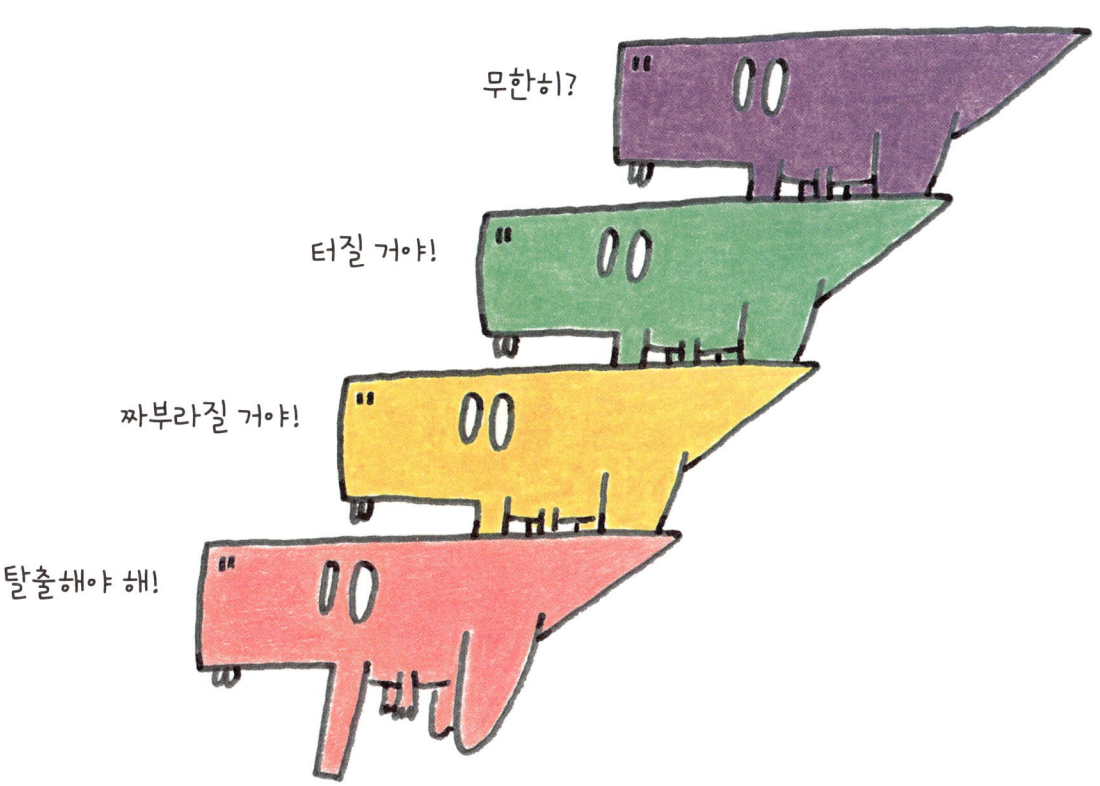

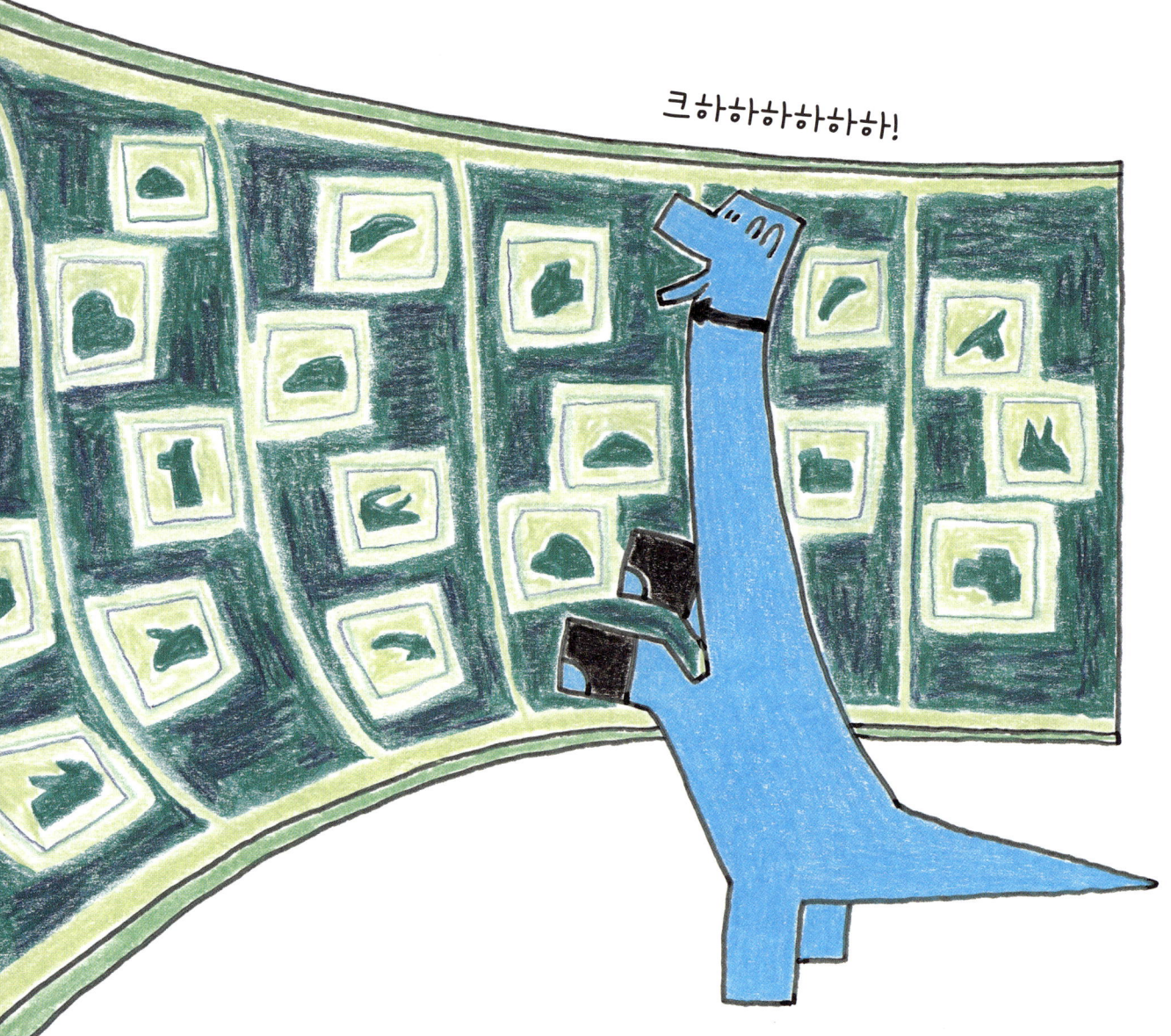

우리 호텔은 무한호텔.
무한 손님이 와도 끄떡없어.
수학자의 비법을 따라 방이 뚝딱!
무한호텔 투숙객 여러분
지금부터 짐을 챙겨 방을 옮겨 주세요.

자기 방 번호보다 딱 두 배 많은 번호로!

1호실 손님은 2호실로

2호실 손님은 4호실로

……

100호실 손님은 200호실로

101호실 손님은 202호실로

……

1백만 호실 손님은 2백만 호실로

1백만 1호실 손님은 2백만 2호실로

1억 호실 손님은 2억 호실로

1억 1호실 손님은 2억 2호실로

……

"두 배로 많은 번호로?"

"그러면 돼?"

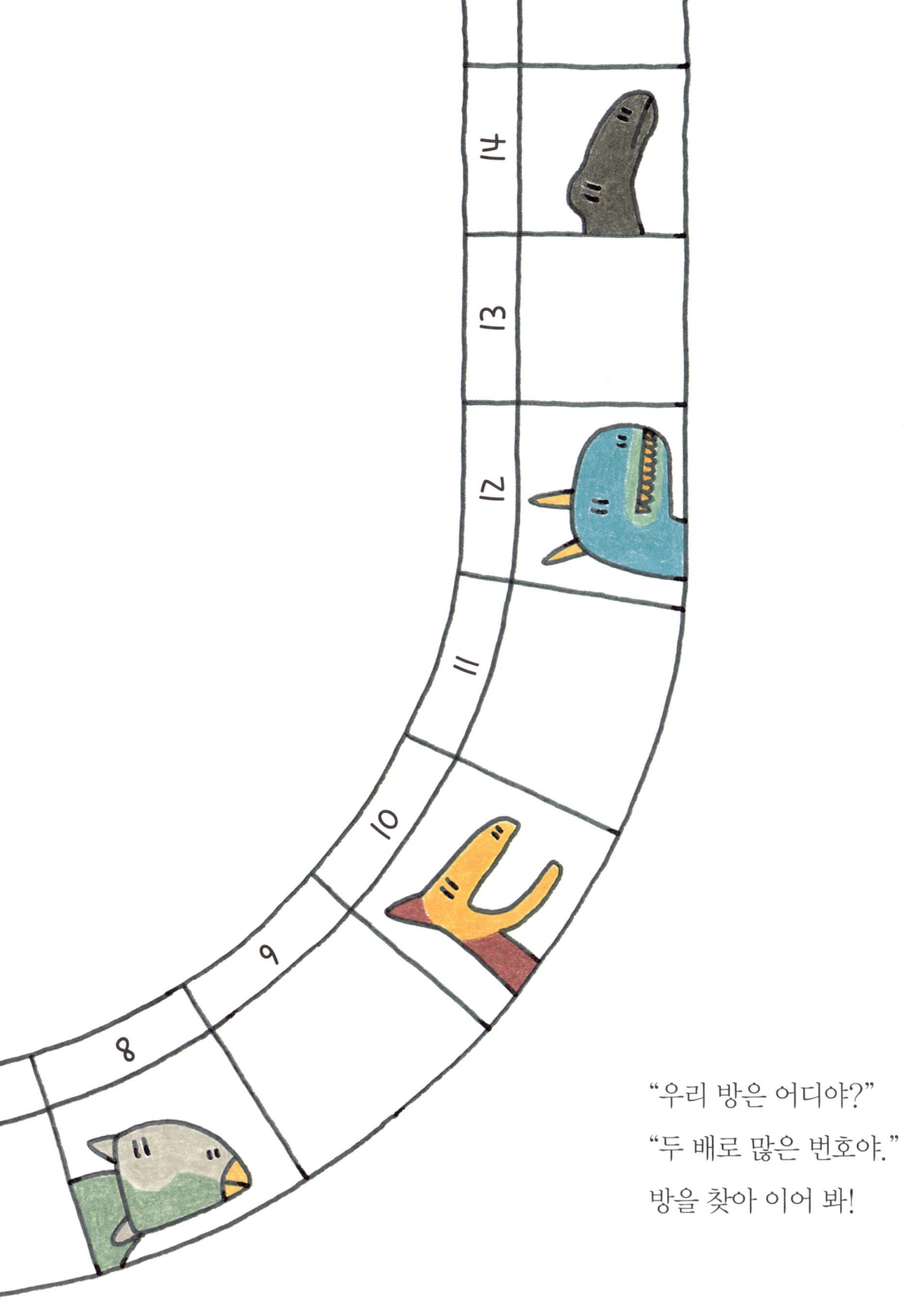

"우리 방은 어디야?"
"두 배로 많은 번호야."
방을 찾아 이어 봐!

"방이 생겨?"

"방이 생겨!"

"무한히 많이?"

"무한히 많이!"

"홀수 방이 텅 비었어!"

"홀수 방 손님이 다 어디로 갔지?"

"무한히 무한히 무한히 무한히 걸어갔어?"

무한히 무한히 무한히 갈 필요가 없어.

옮기면 돼.

딱 두 배 많은 번호로,

짝수 방으로!

짝수는 무한해.

홀수도 무한해.

무한히 무한히 무한히 방이 생겨.

걱정 말고 옮겨 옮겨!

우리 호텔은 무한호텔.

무한호텔 투숙객 여러분
방금 1백만 1호실 손님이
2백만 2호실에 도착했어요.
새로운 방에 도착하는 대로 즉시
벨을 눌러 주세요!
삑 삑 삑 삑 삑!

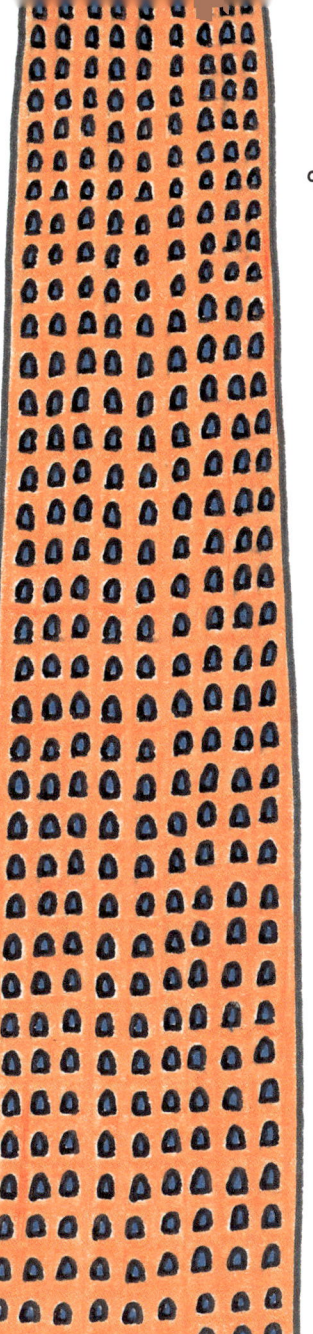

9백만 호실은 어디야?

헉헉! 우리도!

우리도!

우리는 다 왔지롱~

우리도!

우리도 도착!

크하하하하하하

무한호텔 투숙객들은

아직도

아직도

아직도

아직도

아……………………………………………………
………………………………………………
………………………………………………
………………………………………
………………………………………직도
방을 옮기고 있는 중이랍니다.

우리 호텔은 무한호텔.
1호실부터 무한호실까지
손님으로 가득 찬 무한호텔.
손님이 한 명 와도
손님이 백 명 와도
손님이 무한대로 와도
수학자의 비법을 따라 방이 뚝딱!
우리 호텔은 무한호텔.

옛날옛날에
수학자 칸토어가 상상했어.
무한을 셀 수 있을까?
무한의 끝에 무엇이 있을까?
무한을 보고 싶어!
수학자들이 엄청나게 화를 냈어.
'미친 소리!'
'그런 건 상상하면 안 돼.'
'무한은 위험해. 무한은 끔찍해.'
'그런 건 수학이 아니라고!'
칸토어가 소리쳤어.
"무한은 수학이야!"

무한은 셀 수 있어.
작은 무한,
커다란 무한,
더 커다란 무한······.
칸토어가 처음으로 알아냈어!
칸토어는 무한에 대해
무한하게 생각하다가 미쳐 버렸어.
1918년 칸토어는 정신 병원에 갇혀
쓸쓸하게 눈을 감았어.

무한이 수학이야?

무한은 수학이야.

1,2,3,4,5,6,7…… 자연수 호텔이 높을까?

1,3,5,7,9…… 홀수 호텔이 높을까?

세어 보면 알아!

자연수 하나에 홀수 하나,

홀수 하나에 자연수 하나,

끝없이 끝없이 짝을 지어.

1	1
2	3
3	5
4	7
5	9
6	11
7	13
8	15
9	17
10	19
11	21
12	23
13	25
14	27
15	29

자연수와 홀수의 개수가 똑같아.

둘이 똑같아!

정말?

정말!

우리는 무한을 봤어!

글쓴이 김성화 · 권수진

수학이 뭘까? 수학자는 무얼 할까?
아이들과 이야기하고 싶어서 〈만만한수학〉을 썼어요. 지금까지 돼지, 감자, 땅콩, 지렁이,
공벌레, 오리너구리, 오리, 문어와 불가사리, 공룡 들과 열심히 고민했어요.
〈점이 뭐야?〉〈2 주세요!〉〈원은 괴물이야!〉〈분수가 뭐야?〉〈그래프가 쭉쭉!〉
〈고양이가 맨 처음 cm를 배우던 날〉〈미래가 온다, 로봇〉〈미래가 온다, 인공 지능〉 들을 썼어요.

그린이 한성민

책을 좋아하고 그림책을 좋아해요. 디자인과 일러스트레이션을 하다 그림책의 매력에 빠져 그림책
작가가 되었어요. 동물과 식물, 자연과 지구 환경 문제에 관심이 많아 생활 속에서 작은 실천을 통해
지구를 살리기 위해 노력해요. 〈만만한수학〉을 만나 이제는 수학자가 되어 볼까 맨날맨날 고민해요.
〈점이 뭐야?〉〈2 주세요!〉〈원은 괴물이야!〉〈분수가 뭐야?〉〈그래프가 쭉쭉!〉에 그림을 그리고,
〈빨간지구만들기 초록지구만들기〉〈행복한 초록섬〉〈안녕! 만나서 반가워〉〈안전 먼저!〉
〈조용한 밤〉 들을 그리고 썼어요.

만만한수학

1. 점이 뭐야?
2. 2 주세요!
3. 원은 괴물이야!
4. 분수가 뭐야?
5. 그래프가 쭉쭉!
6. 무한호텔

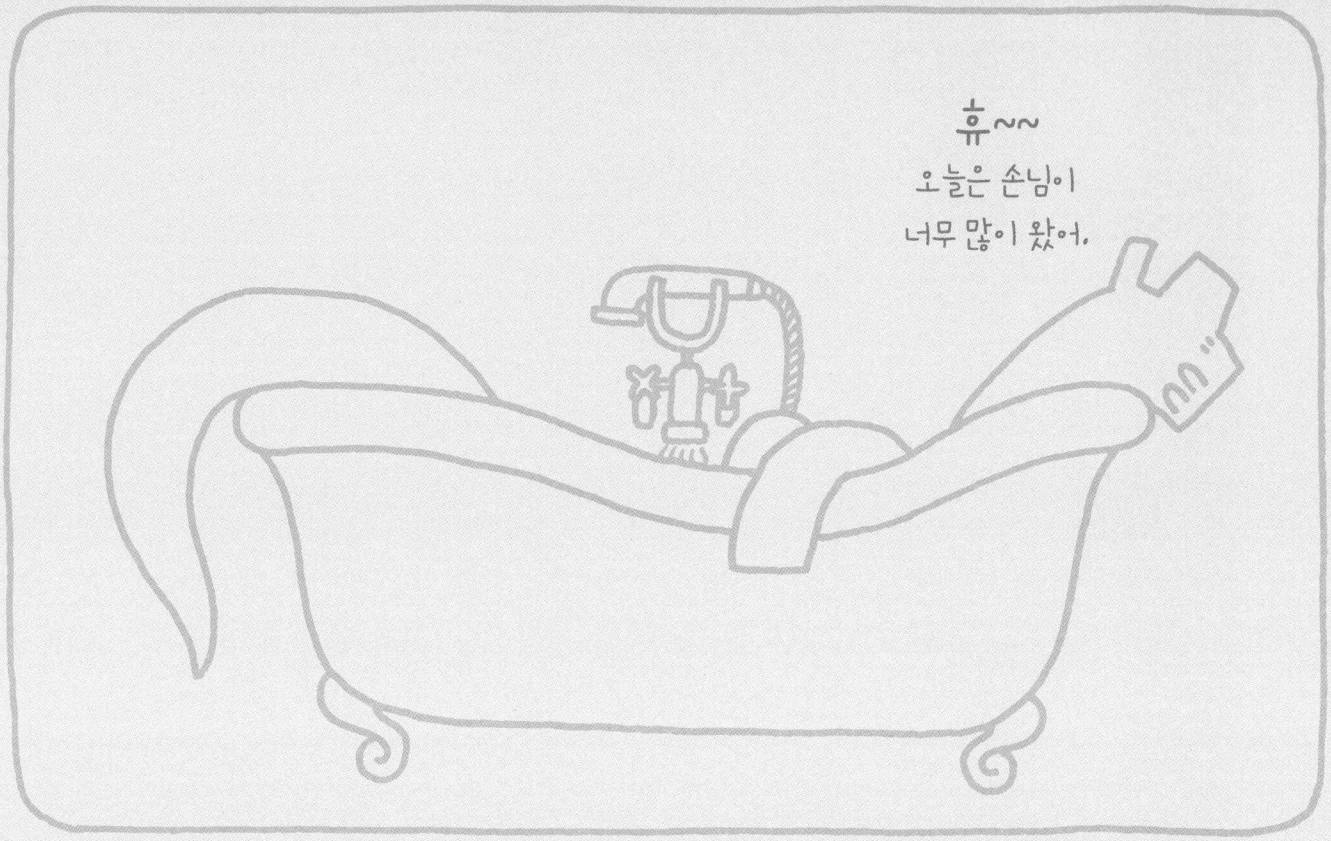

휴~~
오늘은 손님이
너무 많이 왔어.

힘들어도
신나 신나~~